A utilização de novas tecnologias em **terapias cognitivo-comportamentais**

para transtornos de ansiedade na infância e adolescência

A utilização de novas tecnologias em **terapias cognitivo-comportamentais**

para transtornos de ansiedade na infância e adolescência

Circe Petersen

Cláudia Wachleski

Eduardo Bunge

Casa do Psicólogo®

Pearson

1ª Edição: *2016*
Produção Editorial e Capa: *Casa de Ideias*

Dados Internacionais de Catalogação na Publicação (CIP)
Angélica Ilacqua CRB-8/7057

Petersen, Circe
A utilização de novas tecnologias em terapias cognitivo-comportamentais para transtornos de ansiedade na infância e adolescência / Circe Petersen, Cláudia Wachleski, Eduardo Bunge. – São Paulo : Casa do Psicólogo, 2016.
80 p.

ISBN 978-85-8040-676-4

1.Psicoterapia 2. Terapia cognitivo-comportamental 3. Transtornos de ansiedade 4. Avaliação psicológica I. Título II. Wachleski, Cláudia III. Bunge, Eduardo

16-0078 CDD 616.89142

Índices para catálogo sistemático:
1. Psicologia – Terapia cognitivo-comportamental

Impresso no Brasil
Printed in Brazil

As opiniões expressas neste livro, bem como seu conteúdo, são de responsabilidade de seus autores, não necessariamente correspondendo ao ponto de vista da editora.

Casapsi Livraria e Editora Ltda.
Av. Francisco Matarazzo, 1.500 - Cj. 51
Ed. New York - Barra Funda - São Paulo/SP
CEP 05001-100
Tel.: (11) 3672-1240
www.pearsonclinical.com.br

Sumário

Apresentação

Uma das marcas da contemporaneidade é a velocidade de suas mudanças, que é praticamente da ordem do instantâneo. Igualmente característica dos novos tempos em que vivemos é a tremenda evolução tecnológica da era digital. Todo esse cenário tem trazido, como uma de suas consequências diretas, a necessidade aumentada das habilidades de adaptação de quem faz parte desse "novo mundo". Nesse sentido, é natural que os seres humanos desta época convivam com níveis aumentados de ansiedade – emoção necessária na tentativa de reduzir a complexidade e o desconhecimento dos novos cenários que emergem.

Embora a ansiedade seja uma das emoções mais importantes para superar os obstáculos e os desafios da existência, é inegável que suas apresentações patológicas representam importante desafio para a saúde mental e também para o trabalho psicoterápico.

Os transtornos de ansiedade afetam todas as classes, faixas etárias e gêneros. Porém, com o incremento das exigências da vida moderna, de um lado representadas pelas novas e mutantes tecnologias da informação, de outro, pela redução do contato interpessoal *in vivo*, as crianças e os adolescentes têm sido submetidos a altas e constantes cargas de ansiedade, e isso, consequentemente, leva a um aumento da ocorrência de transtornos de ansiedade nessa população.

As Terapias Cognitivo-Comportamentais (TCCs) sempre representaram um referencial eficaz para instrumentalizar os indivíduos a lidar com as ansiedades normal e patológica. Por meio de modelos de intervenção com base em protocolos empiricamente validados, as TCCs têm oferecido as técnicas psicoterápicas de eleição primeira para os transtornos de ansiedade para crianças e adolescentes.

Circe Petersen, Cláudia Wachleski e Eduardo Bunge trazem uma significativa contribuição para esse campo. Mesclando sólidas experiências clínicas como terapeutas infantojuvenis com a prática de pesquisa de ponta em novos tratamentos, os autores apresentam para nós os modelos psicoterapêuticos que realmente funcionam no manejo da ansiedade. Além disso, possibilitam que o clínico se familiarize com novos instrumentos terapêuticos.

Vale salientar que essas novas tecnologias da TCC para tratamento dos transtornos de ansiedade são, em sua maioria, ferramentas computadorizadas em sincronia com o mundo digital em que nossas crianças e jovens nasceram e vivem. Além disso, indiscutivelmente, têm um apelo lúdico único – aspecto este crucial para a motivação ao tratamento dessa faixa etária.

Se a evolução tecnológica oriunda da informática e da internet representou, por um lado, mais ansiedade e algumas dificuldades na regulação emocional, por outro lado, representa um importante e revolucionário meio para uma prática mais dinâmica e criativa das TCCs.

Ricardo Wainer

Terapias Cognitivo-Comportamentais para transtornos de ansiedade na infância e adolescência e as novas tecnologias

Os objetivos deste livro são apresentar os programas baseados em evidências para o tratamento dos transtornos de ansiedade e discutir a aplicabilidade de novas tecnologias no escopo das Terapias Cognitivo-Comportamentais (TCC) de crianças e adolescentes. O contexto do século XXI é favorável a esses novos avanços, particularmente para os jovens que nasceram nesse cenário em que os ambientes virtuais fazem parte da vida. A relevância deste tema nos remete a diferentes fatores, como prevalência dos transtornos de ansiedade, custos dos tratamentos, baixo índice de oferta de serviços especializados, bem como altas taxas de evasão em tratamentos. Inicialmente, será realizada uma breve revisão dos aspectos essenciais para a compreensão dos transtornos de ansiedade, além de uma apresentação sucinta sobre a efetividade atual dos tratamentos disponíveis e seus diferentes níveis de entrega em termos de promoção, prevenção e tratamentos indicados. Será apresentada a estrutura básica desses tratamentos, pois considera-se que esta deve ser observada com a finalidade de compor protocolos modulares de acordo com a subjetividade de cada paciente. A partir da conceituação necessária de cada caso, pode-se dosar os componentes previamente descritos nos programas manualizados, testados em ensaios clínicos randomizados, e introduzir nesse contexto as novas tecnologias que serão descritas. Neste livro, será preconizada a observância de fidelidade aos programas baseados em evidências com flexibilidade em sua entrega (Kendall, 2011).

Os transtornos mentais, emocionais e comportamentais afetam uma em cada cinco crianças. Estima-se que, nos Estados Unidos, os custos anuais com tratamento, perda de produtividade e delinquência com os jovens seja de aproximadamente 247 bilhões de dólares. O custo direto de tratamento para menores de 18 anos, em 1998, foi de 11,7 bilhões de dólares – atualizando o valor para o ano de 2007, seria aproximadamente 14,8 bilhões de dólares, além dos prejuízos relacionados à diminuição da qualidade de vida nos jovens. A prevalência dos transtornos de ansiedade varia de 8 a 22%, destacando-se como o quadro de ocorrência mais comum em crianças e adolescentes – um estudo epidemiológico indicou 12% de prevalência nessa população (Costelo,

Egger & Angold, 2005; Krain et al., 2007; Merikangas et al., 2010; Petersen, Bunge, Mandil & Gomar, 2011; Board on children..., 2011).

A ocorrência de transtornos mentais, emocionais e comportamentais piora a qualidade de vida em relação à saúde, aumentando o índice de mortalidade, interferindo diretamente nos recursos econômicos e produtivos por meio do uso dos serviços de atendimento em saúde, bem-estar infantil, educação, justiça juvenil e cuidados informais. A saúde de outras pessoas relacionadas àqueles que adoecem também sofre prejuízos, principalmente dos familiares, vítimas de crimes e seus pares (Board on children..., 2011).

No Reino Unido, somente 22% das crianças recebem tratamento; nos Estados Unidos, esses índices estão entre 30 e 34%, sendo que destes 17% evadem antes do término da intervenção. Em relação aos países da América Latina, incluindo o Brasil, devido à dificuldade de acesso aos tratamentos especializados, há carência de dados referentes ao recebimento de tratamento psicoterápico. Essas são as principais razões para a difusão das intervenções preventivas e para o uso de novas tecnologias em busca de maior impacto em saúde coletiva, por meio da maior chance de amplitude de disseminação. Cabe ressaltar ainda que nos países emergentes o número de pessoas vivendo abaixo da linha de pobreza é significativo, e nessas circunstâncias o índice de psicopatologia pode aumentar três vezes mais do que na ausência desta situação de risco (Costello et al., 1996; Stallard, Simpson, Anderson & Goddard, 2008; Stopa, Barrett & Golingi, 2010; Petersen, 2011b; Petersen, Salcides, De Sousa & Koller, 2012).

Para atingir o objetivo de incrementar a qualidade dos serviços prestados em saúde mental, é necessário ampliar consideravelmente o alcance das intervenções, atingindo mais pessoas, para diminuir o contingente de usuários que atualmente estão excluídos desses serviços. Por outro lado, também é necessário que as intervenções contemplem os aspectos culturais e as diferenças geracionais dos pacientes atuais e futuros. Os tratamentos que se desenvolverão doravante deveriam contemplar a ampliação do alcance e a adaptação das intervenções às novas gerações de pacientes (Bunge, Labourt, Cichero, Ruiz & Maglio, 2012).

ETIOLOGIA

Apesar da alta prevalência dos transtornos de ansiedade na infância, na atualidade eles ainda são subdiagnosticados e subtratados (Walkup et al., 2008). Evidências reveladas em estudos prévios sugerem que a inibição é uma característica de temperamento, que pode figurar como um fator de vulnerabilidade para os transtornos de ansiedade tanto em crianças

(Albano, 2012) quanto em adultos (Manfro, Isolan, Blaya, Santoa & Silva, 2002). Pacientes adultos com transtornos de ansiedade evidenciam uma ligação entre as condições de ansiedade psicopatológica na infância e na vida adulta, evidenciando o alto risco de cronicidade (Pollack & Smoller, 1996; Manfro et al., 2002).

O temperamento é um constructo emocional que se refere à parte herdável da personalidade. Caracteriza-se como uma tendência de o indivíduo responder aos acontecimentos com o mesmo padrão de comportamento, em diferentes contextos e épocas da vida, indicando razoável estabilidade. Uma tendência à inibição comportamental descrita por Kagan, Reznick e Snidman (1988) como Comportamento Inibido demonstrou herdabilidade superior aos transtornos de ansiedade conforme um estudo de metanálise (Hettema, Neale & Kendler, 2001). O Comportamento Inibido é uma tendência à timidez, evitação e comportamento reservado em situações novas ou não familiares e está relacionado a uma predisposição familiar para os transtornos de ansiedade (Rosenbaum et al., 1993; Rosenbaum, Biederman, Hirshfeld, Bolduc & Chaloff, 1991). Crianças com comportamento inibido apresentam maiores taxas de ansiedade, que aumentam com a idade, sugerindo uma diátese de ansiedade subjacente que pode ter sua expressão aumentada no decorrer do tempo (Biederman et al., 1990). Pessoas com comportamento inibido demonstram mais reações fisiológicas associadas às respostas de ansiedade em situações não familiares, como aumento da frequência cardíaca e dos níveis de cortisol salivar, além de outros sintomas somáticos (Kagan, Snidman, Zentner & Peterson, 1999).

Entretanto, nem todas as crianças que apresentam predisposição genética para os transtornos de ansiedade desenvolverão quadros psicopatológicos, já que provavelmente um em cada cinco humanos apresenta esta vulnerabilidade. Embora esses fatores possam representar risco para o desenvolvimento dos transtornos de ansiedade, outros contribuem para a expressão maior ou menor dessas características na infância e adolescência. Neste contexto, a família tem o importante papel de modelar o comportamento da criança em desenvolvimento.

Comportamentos de esquiva podem ser reforçados pelos pais – neste caso, aumentando a insegurança e fomentando a dependência da criança em relação aos cuidadores. Por outro lado, os pais podem servir de modelo positivo, por meio do qual a criança recebe incentivo ao exercício da autonomia, reforçando a autoeficácia para a resolução de problemas por meio da ampliação do repertório de habilidades que ela vai desenvolvendo. Extroversão em um dos pais também parece atenuar a característica de timidez, provavelmente por oferecer modelos de comportamentos sociais habilidosos para a criança. Tanto o que os pais dizem quanto a forma como eles lidam com os problemas que enfrentam servirão para a criança em seu processo de modelagem e terão influência na maneira como ela lidará com os desafios que encontrar em seu processo de desenvolvimento.

Nessa direção, a habilidade para regular reações emocionais em diferentes contextos é um fator que colabora para o desenvolvimento da resiliência (Degnan & Fox, 2007) e que pode diminuir a expressão do comportamento inibido e da ansiedade por meio da exposição a situações que podem se tornar experiências bem-sucedidas. Pais calorosos, sensíveis e que encorajam a independência e a autonomia dos filhos contribuem para comportamentos bem adaptados, o que pode potencialmente reduzir os níveis de ansiedade no decorrer do tempo. Em direção contrária, pais com controle excessivo e superproteção encorajam a dependência do filho, o que pode resultar em baixa autoeficácia e aumento da ansiedade nas crianças (McLeod, Weisz & Wood, 2007b).

TRATAMENTOS

Os fundamentos empíricos para TCC dos transtornos de ansiedade iniciaram em 1994, com o primeiro ensaio clínico randomizado que avaliou 47 crianças com idades entre 8 e 13 anos diagnosticadas com transtorno de ansiedade social, ansiedade generalizada e evitação. Foi utilizado nesse estudo o modelo de intervenção *Coping Cat*, e os resultados indicaram que 66% das crianças não mais preenchiam os critérios para os transtornos de ansiedade após a intervenção, estes sendo mantidos após um ano de tratamento (Kendall, 1994).

Um estudo posterior, com amostra de 94 crianças de 7 a 14 anos, indicou que 50% das crianças tratadas tiveram remissão dos sintomas (Kendall et al., 1997). Essas crianças foram acompanhadas para avaliação dos benefícios em longo prazo, e 86 delas foram reavaliadas em média 7,4 anos após concluírem o programa (Kendall, Safford, Flannery-Schroeder & Webb, 2004). De acordo com as entrevistas diagnósticas realizadas com as crianças ou com seus pais, 90% (entrevistas com as crianças) e 80% (entrevistas com os pais) não preencheram mais os critérios para o transtorno de ansiedade diagnosticado antes do tratamento, demonstrando os benefícios do programa ao longo do tempo.

Um ensaio clínico randomizado, controlado, realizado por Walkup et al. (2008), comparou a efetividade dos tratamentos de Terapia Cognitivo-Comportamental (TCC), da sertralina e da combinação de TCC + sertralina ou placebo em 488 crianças e adolescentes com diagnóstico primário de transtornos de ansiedade e idade entre 7 e 17 anos. Os índices de melhora nesse estudo foram avaliados pela escala de Impressão Clínica Global (CGI). Obtiveram a melhora dos sintomas por meio do tratamento de sertralina + TCC 80,7% dos pacientes (p = 0,001); dos que receberam somente TCC, 59,7% apresentaram índice de melhora (p = 0,001); enquanto 54,9% dos que receberam apenas sertralina (p = 0,001) melhoraram. Todas as terapias obtiveram resultados superiores ao placebo (23,7%), e a combinação das terapias foi superior a ambos os tratamentos com monoterapias. Foram observadas menos manifestações de insônia, fadiga, sedação ou cansaço associadas à TCC do que à sertralina. Os efeitos desse estudo agregaram novas informações à literatura existente, indicando a TCC como um tratamento bem estabelecido e baseado em evidências para a abordagem da ansiedade em crianças e adolescentes.

Até o momento, os tratamentos bem estabelecidos para os transtornos de ansiedade em crianças são os programas *Coping Cat* e *Friends for Life*. Há a necessidade de ampliarmos as pesquisas clínicas a fim de determinar quais componentes dos tratamentos são mais efetivos (Shirk, Jungbluth & Karver, 2011; Petersen & Wainer, 2011).

O *Coping Cat* tem em sua estrutura as seguintes técnicas: ajudar a criança a identificar e a nomear seus sentimentos negativos e positivos, utilizar estratégias para o manejo da ansiedade e oferecer treinamento comportamental de relaxamento (Kendall & Hedtke, 2006).

Os tratamentos para os transtornos de ansiedade visam ensinar a criança a reconhecer os sinais de ansiedade, que são utilizados como alerta para enfrentá-la. Também são aprendidos os processos cognitivos envolvidos no estado de ansiedade exacerbada, assim como é desenvolvido um treinamento no qual são feitas técnicas de relaxamento (Kendall, 1994; Kendall et al., 1997). A estrutura básica do tratamento pode ser resumida no quadro que segue.

Quadro 1 – Síntese do modelo manualizado de tratamento *Coping Cat.*

Seção	Objetivo da consulta
1	Construir *rapport* e orientações gerais do tratamento.
2	Aprender a identificar a ansiedade.
3	Identificar respostas corporais a ansiedade.
4	Encontro com pais.
5	Treinamento de relaxamento.
6	Aprender a identificar os pensamentos ansiogênicos e a desafiar os pensamentos.
7	Recompensar a autoinstrução de *coping* eficaz e desenvolver habilidades de solução de problemas.
8	Introduzir autoavaliação e autorrecompensa. Praticar situações de inundação de baixa intensidade utilizando exposição na imaginação e revisão das recompensas aprendidas.
9	Encontro com pais.
10	Praticar situações de inundação de baixa intensidade utilizando exposição.

(Continua)

(Continuação)

11	Praticar situações de inundação de baixa intensidade utilizando exposição.
12	Praticar situações de inundação de moderada intensidade utilizando exposição.
13	Praticar situações de inundação de moderada intensidade utilizando exposição.
14	Praticar situações de inundação de alta intensidade. Introduzir término do tratamento.
15	Praticar situações de inundação de alta intensidade utilizando exposição.
16	Praticar situações de inundação de alta intensidade utilizando exposição. Término do tratamento.

Fonte: Apresentada originalmente no manual do terapeuta do programa *Coping Cat* (Kendall & Hedtke, 2006 citado por Petersen, 2011b).

O programa *Friends* foi baseado na estrutura do *Coping Cat* e denominava-se *Coping Koala*. Posteriormente, recebeu o componente familiar como um adicional em seus primeiros estudos (Barrett, Dadds & Rapee, 1996). Ganhou também novo cenário nas escolas, assumindo a função de promoção e prevenção em saúde, além de tratamento. Baseia-se no desenvolvimento e na manutenção de habilidades e comportamentos positivos, fortalecendo as habilidades que o indivíduo já tem. Seu objetivo principal é desenvolver a resiliência emocional, a capacidade do indivíduo de se recuperar em situações de trauma excessivo, privação, medo ou estresse de forma saudável e construtiva (Petersen & Wainer, 2011). A resiliência ocorre em direção oposta à psicopatologia, e as variáveis preditoras de sua ocorrência (fatores de proteção) têm sido cada vez mais pesquisadas. Os fatores de proteção são definidos como características ou processos que moderam ou diminuem os efeitos negativos do estresse ou dos fatores de risco.

O programa *Friends for Life* tem por objetivo potencializar o desenvolvimento de habilidades e competências positivas de crianças e jovens, integrando elementos-chave da perspectiva Cognitivo-Comportamental combinados com estratégias de terapia familiar e abordagens interpessoais (Lizuka & Barrett, 2011). O programa visa o aumento de habilidades que poderão ser utilizadas quando as crianças e os jovens passarem por situações difíceis, assim como em desafios corriqueiros do dia a dia. A autora do programa desenvolveu o acrônimo FRIENDS para auxiliar os participantes a se lembrarem das habilidades aprendidas durante as sessões, utilizando-as em outros ambientes (Barrett, 2011). O acrônimo representa uma síntese dos componentes existentes dentro da intervenção, a saber: psicoeducação das emoções, técnicas de relaxamento, reestruturação cognitiva, solução de problemas, controle de contingências, redes de apoio social e treinamento de atenção com foco no viés atencional. Estes componentes podem ser dosados conforme o contexto e o nível de entrega. O Quadro 2 apresenta as versões do original em inglês e a versão em português na adaptação brasileira do acrônimo.

Quadro 2 – Acrônimo do programa *Friends for Life.*

Acrônimo original	Acrônimo adaptado para a versão brasileira
F = Feelings (Emoções). **R** = Remember to relax (Lembre-se de relaxar). **I** = I can do it! I can try my best! (Eu posso! Eu posso tentar meu melhor!). **E** = Explore solutions and coping step plan (Explore soluções e planeje enfrentamento). **N** = Now reward yourself! (Agora se recompense!). **D** = Don't forget to practice (Não se esqueça de praticar). **S** = Smile! Stay calm for life! (Sorria! Fique calmo!).	**A** = Atenção aos teus sentimentos. **M** = Momento de relaxar. **I** = Imaginas que és capaz e faz o teu melhor. **G** = Gera e explora soluções. **O** = Orgulha-te por tuas tentativas e te recompensa. **S** = Sorri e fala com tuas redes de apoio.

Fonte: Adaptado por Petersen, Wachleski e Bunge a partir de Lizuka e Barrett (2011) e Barrett (2011).

Classicamente, o tratamento dos transtornos de ansiedade pode ser realizado com psicoterapias e medicações. Dentre as psicoterapias, a TCC é a terapia com maior evidência de eficácia se comparada à lista de espera ou controle atencional para transtornos ansiosos em crianças e adolescentes. Alguns protocolos de TCC já demonstraram sua efetividade no tratamento dos transtornos de ansiedade. Entre eles, o programa australiano *Friends for Life* tem se destacado no cenário internacional por sua eficácia, por sua adaptabilidade cultural e pelas diversas possibilidades de integração em saúde nos níveis preventivos e em promoção de resiliência. Nesses níveis de aplicação podem ser conduzidos por professores ou outros profissionais sem formação oficial em psicoterapias. O programa já foi validado para Nova Zelândia, Canadá, Estados Unidos, México, África do Sul, Holanda, Alemanha, Portugal, Finlândia, Noruega, Reino Unido e Hong Kong. Além disso, está em processo de tradução para a Rússia e para os países árabes – demonstrando sua adaptabilidade e abrangência.

Nos últimos 15 anos, diferentes estudos têm indicado a TCC como efetiva para a redução de ansiedade e estresse emocional em crianças e adolescentes (Barrett, Dadds & Rappe, 1996; Barrett, Duffy, Dadds & Rapee, 2001; Barrett, Farrell, Ollendick & Dadds, 2006; Kendall, 1994; Walkup et al. 2008). O *Friends* é um modelo de tratamento e prevenção baseado em evidências, que apoiam todos os aspectos do programa. Diferentes estudos conduzidos em diversos países revelaram que mais de 80% das crianças mostraram sinais de melhora após a intervenção, e o resultado se mostrou consistente seis anos após o tratamento. Um grande número de estudos examinou a efetividade do programa *Friends* para reduzir ansiedade e depressão individualmente ou em tratamentos grupais, em contexto clínico ou escolar (Barrett et al., 1996; Barrett, 1998; Barrett et al., 2001; Pahl & Barrett, 2010; Shortt, Barrett & Fox, 2001; Stopa et al., 2010).

Novos ensaios clínicos revelaram resultados semelhantes em termos de efetividade na Noruega, Alemanha, Finlândia, Holanda, México, Reino Unido e Canadá (Shortt et al., 2001; Lowry-Webster, Barrett & Lock, 2003; Barrett & Turner, 2001; Barrett et al., 2001; 2006; Farrell & Barrett, 2007; Stallard, Simpson, Anderson, Hibbert & Osborn, 2007).

Na população brasileira os resultados confirmam os achados prévios, indicando que as crianças que receberam a intervenção nos níveis seletivo e indicado mostraram redução nos níveis de ansiedade e depressão com diferença estatisticamente significativa em relação à lista de espera (programa entregue em nível seletivo). Da mesma forma, quando o programa foi aplicado em amostra clínica, em nível indicado, foram obtidos resultados estatisticamente superiores para o tratamento em relação aos controles (Petersen, Salcides, Souza & Koller, 2013a; 2013b; Petersen, 2014).

A equipe de investigadores, durante o desenvolvimento da pesquisa com o programa *Friends* em amostra brasileira, também validou para uso no território nacional a *Spence Children's Anxiety Scale* (SCAS). Na investigação, a SCAS revelou evidências de validade e confiabilidade (De Sousa, Petersen, Behs, Manfro & Koller, 2012; De Sousa et al., 2014). A escala é utilizada internacionalmente para avaliação dos TA e está disponível em domínio público, nas versões para pais e crianças, em português brasileiro (Spence Children's Anxiety Scale, 2015).

Evidências com crianças de amostras comunitárias escolares sugerem que o relato dos pais é concordante com o de seus filhos para sintomas de ansiedade de separação e fobias específicas, mas subestimam os sintomas de ansiedade generalizada e ansiedade social relatados pelos filhos (De Sousa et al., 2014). As referências detalhadas dos estudos de evidências de validade e confiabilidade de instrumentos para avaliação de ansiedade são descritas por De Sousa, Moreno, Gauer, Manfro e Koller (2013). A avaliação com instrumentos de mensuração permite não apenas confirmar as hipóteses diagnósticas, mas também aferir resultados de tratamentos, com aplicações pré e pós-intervenção. Após esta breve sugestão de instrumentos para avaliação dos TA na infância e adolescência, será apresentado um quadro sintético do estado da arte dos tratamentos baseados em evidências para os TA.

Quadro 3 – Terapias baseadas em evidências para os Transtornos de Ansiedade.

Transtorno	Bem estabelecido	Provavelmente eficaz	Possivelmente eficaz
Transtornos de Ansiedade	▸ Programa *Coping Cat*	▸ Terapia sistêmica focada no indivíduo	▸ Exposição comportamental *in vivo* ▸ Exposição comportamental *in vivo* + controle das contingências

Fonte: Walkup et al. (2008); Petersen e Wainer (2011).

POR QUE PREVENIR?

No contexto atual, destaca-se, ainda, o limitado acesso da população aos serviços de atendimento em saúde mental, forte razão para seguirmos avaliando os programas de prevenção.

- Há fortes evidências de que os programas de prevenção podem ser efetivos na redução da incidência dos transtornos de ansiedade.
- Quando nos referimos à prevenção com crianças e adolescentes, deparamos com sintomas mais maleáveis, anteriores à instalação de padrões rígidos e resistentes aos tratamentos (Fisak, Richard & Mann, 2011).

PROGRAMAS DE INTERVENÇÃO PREVENTIVA

Os programas de intervenção são necessários a indivíduos, famílias e comunidades para prevenir o desenvolvimento de transtornos de ansiedade e depressão (Barrett & Ollendick apud Lizuca & Barrett, 2011). Os objetivos principais desses programas são a promoção de habilidades de enfrentamento positivas e resiliência emocional antes que dificuldades emocionais mais sérias se manifestem. Os programas de intervenções preventivas são classificados em três níveis, de acordo com a população-alvo a que se destinam. São eles:

1. **Programas de prevenção indicada** – destinados a indivíduos ou grupos que foram previamente identificados por apresentarem sinais ou sintomas de algum transtorno mental ou biológico (Mrazek & Haggerty, 1994).
2. **Programas de intervenção seletiva** – destinados a indivíduos expostos a fatores de risco, como filhos de pais com transtorno de ansiedade. Também indicado a portadores de sintomas em níveis subclínicos de ansiedade (Spence, 1996).
3. **Programas de intervenção universal** – destinados à população em geral. Pesquisadores na atualidade têm implementado os programas em escolas devido à necessidade de que as intervenções sejam cada vez mais precoces (McLoone, Hudson & Rapee, 2006).

Destacam-se cada vez mais os programas de intervenção universal em escolas, principalmente devido ao desenvolvimento social e emocional dos alunos. Independentemente da presença de sintomas, os programas de prevenção aumentam a resiliência e a saúde mental geral de seus participantes (Barrett & Turner, 2001). Neil e Christensen (2009 apud Fisak et al., 2011) citam outras vantagens das intervenções universais em escolas:

- Facilitam a participação dos alunos, com conteúdos geralmente incluídos durante os horários de aula.

- Evitam a estigmatização de crianças com necessidade de tratamento, pois atingem todas as crianças e os adolescentes que frequentam a escola, independentemente dos fatores de risco a que estão expostos.
- Aumentam o encorajamento de todos os alunos.

Outra vantagem da aplicação de programas preventivos em nível universal é o fato de serem aplicados no âmbito natural da pessoa. Nesse contexto, ressaltam-se os potencias benefícios, como evitar o estigma dos jovens em relação aos serviços de saúde mental. Também não se espera que os indivíduos sofram o necessário para estarem motivados a se consultar com um especialista, o que muitas vezes pode perdurar anos, resultando em maior dificuldade na condução do tratamento e na evolução do quadro.

Programas indicados também envolvem triagem, o que os programas universais dispensam, pois incluem todas as crianças, favorecendo uma rede de suporte entre amigos e a modelação por meio deles (Lizuka & Barrett, 2011). Atingem também um maior número de crianças, aumentando as chances de evitar que os sintomas ou os comportamentos desadaptativos evoluam para quadros de transtornos mentais.

Os programas de prevenção geralmente são estruturados e fazem uso de manuais que apresentam vantagens e desvantagens em sua utilização. Algumas das críticas quanto à utilização dos manuais referem-se à linearidade do programa, que seguiria uma "receita de bolo", sufocando a criatividade de quem o está conduzindo, além de não levar em conta a individualidade das crianças e dos adolescentes (Kendall & Hedtke, 2006; Khanna & Kendall, 2008).

Entretanto, muitas são as vantagens de aplicação dos programas com manuais; dentre elas destaca-se a possibilidade de ser realizada a capacitação entre os terapeutas, pois isso estabelece um nível mais homogêneo entre eles, sendo necessárias habilidades clínicas entre os terapeutas, o que favorece a flexibilidade na condução dos programas, visando atingir aos seus objetivos. Os manuais também são necessários para que a eficácia em relação ao tratamento possa ser avaliada adequadamente, ou seja, diminuindo os vieses em relação às diferenças dos tratamentos aplicados. A utilização de roteiros estruturados também permite a aprendizagem e o exercício dos componentes essenciais da TCC para terapeutas em formação.

Em um recente estudo de metanálise, Fisak et al. (2011) revisaram nas bases de dados os termos "ansiedade e prevenção" e "ansiedade e intervenção precoce" com o objetivo de sintetizar os resultados de pesquisas sobre prevenção de transtornos de ansiedade em crianças e adolescentes, além de estimar a efetividade desses programas. Concluíram que 35 estudos que preencheram os critérios de inclusão foram localizados. Desses estudos, 30 incluíram um grupo de comparação e 5 estudos incluíram pré e pós-teste. Esse é o primeiro estudo do tipo metanálise que apresentou tamanhos de efeitos das intervenções em nível de prevenção (Fisak et al., 2011). De acordo com os resultados, os possíveis moderadores foram avaliados:

- O tamanho reduzido do efeito é possivelmente explicado pela aplicação dos programas em nível universal em pessoas com trajetórias de desenvolvimento positivas.
- Neil e Christensen (2009 apud Fisak et al., 2011) encontraram tamanho de efeito médio 0,57, e isso provavelmente está relacionado a decisões metodológicas.
- Essa pesquisa incluiu estudos não publicados, muitos dos quais resultaram em tamanhos de efeito pequenos ou não significativos. Em contraste, apenas estudos publicados foram incluídos na revisão de Neil e Christensen (2009 apud Fisak et al., 2011).

De acordo com os estudos apresentados, encontramos o *gap* de ainda não estar clara a efetividade ao longo do tempo. Além disso, apenas dois estudos fornecem dados de acompanhamento para além de 12 meses (Barrett et al., 2006; Dadds et al., 1999). Como resultado, a eficácia a longo prazo dos programas de prevenção de ansiedade ainda é pouco clara, e, consequentemente, mais estudos longitudinais são necessários para avaliar a eficácia desses programas ao longo do tempo.

De acordo com os estudos avaliados foram encontrados os seguintes moderadores:

- **Estágio do desenvolvimento (ainda não há dados suficientes, apenas estudos iniciais com *Fun Friends*)** – novas fronteiras a serem percorridas no campo da investigação, abrangendo outras faixas etárias.
- **Profissionais de saúde mental *versus* leigos** – leigos mostraram menor tamanho de efeito. Este achado ainda se encontra em investigação, pois o estudo de Barrett e Turner (2001) aponta que não há diferença nos resultados do programa em relação à formação do facilitador.
- **Tamanho do efeito de programas** – o tamanho do efeito de programas que utilizam provedores de saúde mental como profissionais foi significativamente maior que zero ($d = 0,31$, $Z = 7,71$, $p < 0,001$). Em contraste, o tamanho do efeito de programas leigos era menor e não é diferente de zero ($d = 0,05$, $Z = 1,24$, $p = 0,21$).

Importante decisão metodológica

- Populações seletivas têm tamanho de efeito maior do que populações universais. Em relação a isso, foram encontrados resultados distintos em diferentes estudos.
- Resultados robustos para o programa *Friends* se comparado a outros programas de prevenção para transtornos alimentares, depressão e uso de substâncias (Fisak et al., 2011).

Quadro 4 – Moderadores de resultados.

Moderadores	
Friends versus Não *Friends*	
Programas que utilizam o programa manualizado (ponto forte) do *Friends versus* programas não manualizados: conclui-se que o *Friends* é um moderador do tamanho do efeito da intervenção.	Programas utilizando o manual Amigos demonstraram efeitos maiores (d = 0,25, Z = 6,90, p < 0,001) do que os programas que não usaram o manual Amigos (d = 0,11, Z = 3,24, p < 0,001). Esse efeito foi estatisticamente significativo, entre Q (1) = 8,91, p < 0,001.
▸ A idade não mostrou ser moderadora de resultados. ▸ Os resultados são promissores, mas ainda em desenvolvimento quando se refere à aplicação do programa em pré-escolares (*Fun Friends*).	

Fonte: Fisak et al. (2011).

Número de sessões

O padrão resultante indicou que, tal como as sessões foram aumentando, a magnitude do efeito também aumentou; no entanto, essa relação não foi significativa (R = 0,22, k = 22, p = 0,31). O avaliador de resultados da fonte dos dados (ou seja, pai contra filho no autorrelato) não foi encontrado para moderar o tamanho do efeito.

Apesar dos pontos fortes do programa, são necessárias mais investigações para determinar o grau em que sua eficácia pode ser generalizada a populações de latinos, já que ainda são escassas investigações nesses contextos. O México tem apresentado a experiência de maior tempo de aplicação e promissores resultados de investigações. Futuras direções também sugerem a aplicação do programa em populações rurais (Stopa et al., 2010). Foi realizada a entrega do programa em nível universal com uma amostra rural no interior do estado do Rio Grande do Sul, que demonstrou viabilidade e boa aceitação em nível qualitativo, observado pelo *feedback* de professores e alunos envolvidos. Ressaltam-se, ainda, as possíveis necessidades de adaptações transculturais do programa.

A seguir alguns dados relevantes de metanálise sobre a aplicação do programa em nível universal.

Quadro 5 – Resultados em nível preventivo do programa *Friends for Life*.

Depois da intervenção	Seguimento de 12 meses
▸ **Grupo *Friends*** – 75% dos alunos em risco passaram à categoria de não risco. ▸ **Grupo controle** – 54% dos alunos em risco passaram à categoria de não risco.	▸ **Grupo *Friends*** – 85% dos alunos em risco passaram à categoria de não risco. ▸ **Grupo controle** – 31% dos alunos em risco passaram à categoria de não risco.

Fonte: Fisak et al. (2011).

AS NOVAS TECNOLOGIAS NO CONTEXTO DOS TRATAMENTOS BASEADOS EM EVIDÊNCIAS

O contexto das terapias baseadas em evidências tem sido fértil para inovação no século XXI. Os modelos atualmente disponíveis e investigados para aplicação através de novas tecnologias serão apresentados a seguir. As estruturas básicas dos tratamentos são mantidas e entregues por meio de programas computadorizados em CD, DVD e Web.

Um estudo de revisão sistemática da literatura sobre a eficácia da Terapia Cognitivo-Comportamental computadorizada (TCCc) para a prevenção e o tratamento da ansiedade e da depressão em crianças e adolescentes, utilizando as bases de dados Embase, PsychInfo e Pubmed, pesquisou termos específicos e critérios de inclusão para jovens menores de 18 anos. Dez estudos preencheram os critérios de inclusão, entre eles foram incluídos os estudos de série de casos e os ensaios clínicos randomizados de tratamento e prevenção, totalizando 10 estudos. A satisfação com o tratamento foi de moderada a alta, conforme a avaliação das crianças e pais, que apresentou níveis de abandono e de não conclusão frequentemente elevados. Todos os estudos relataram resultados promissores, indicando reduções nos sintomas clínicos e também melhorias em variáveis como comportamento, autoestima e cognições (Richardson, Stallard & Velleman, 2010).

Um grande estudo randomizado controlado e vários outros estudos pragmáticos do Serviço Nacional de Saúde do Reino Unido investigaram a eficácia e a efetividade de um sistema de TCCc chamado *Beating the Blues.* Esse estudo teve por objetivo avaliar a eficácia do programa para a implementação de TCCc em um serviço líder do usuário do terceiro setor: a clínica de autoajuda. Foram recebidos, ao longo de 16 meses, 510 encaminhamentos para o programa. Dois terços eram adequados para o tratamento e completaram uma avaliação de base, e 84% desta amostra iniciaram o programa. Foram 226 pessoas que preencheram os critérios no início do estudo e concluíram pelo menos duas sessões de TCCc. Destes, 50% preencheram os critérios de recuperação no seu ponto final de mensuração, demonstrando melhora estatística e clinicamente significativas em medidas centrais de avaliação dos resultados. De acordo com esse estudo, a TCC pode ser efetivamente implementada no terceiro setor, aumentando o acesso a terapias psicológicas para atender às necessidades locais de intervenções em depressão e ansiedade (Cavanagh, Seccombe & Lidbetter, 2011).

Stallard, Richardson, Velleman e Attwood (2011) desenvolveram um sistema de TCC para os jovens chamado *Think, Feel, Do*. Esse sistema foi avaliado por meio de um estudo piloto randomizado e com grupo controle. Vinte participantes entre 11 e 16 anos com depressão ou ansiedade participaram do estudo e foram randomizados para receber TCC. Foram utilizadas medidas padronizadas de autorrelato para avaliar ansiedade, depressão, autoestima e cognições, bem como pontos fortes e dificuldades em relação ao tratamento.

Um formulário de *feedback* também foi concluído para avaliar os pontos de vista dos jovens do programa. As amostras foram pareadas e demonstraram melhorias significativas em três subescalas na condição de controle, em comparação com sete subescalas na condição TCC. Os participantes demonstraram satisfação de moderada a alta, fornecendo resultados preliminares animadores para a eficácia e aceitabilidade de TCC nessa faixa etária.

Wuthrich et al. (2012) desenvolveram o programa *Cool Teens* na Austrália e examinaram as possíveis barreiras ao tratamento e as preferências do usuário de tecnologia computadorizada para essa população por meio de um ensaio clínico randomizado. Nessa pesquisa, 43 adolescentes com diagnóstico primário de ansiedade foram alocados aleatoriamente para o programa de *Cool Teens* – um programa de 12 semanas de TCC para o gerenciamento de ansiedade – ou para uma lista de espera de 12 semanas. Efeitos sobre sintomas, pensamentos negativos e interferência de vida foram avaliados no pós-tratamento e três meses de *follow-up*, com base no diagnóstico, autorrelato e referência materna. Os adolescentes da condição *Cool Teens*, em comparação com aqueles na lista de espera, obtiveram reduções significativas no número total de transtornos de ansiedade, na gravidade do transtorno de ansiedade primário e na gravidade média para todos os distúrbios no pós-tratamento e nas avaliações de seguimento. Esses resultados foram acompanhados por reduções significativas nos escores do questionário de ansiedade, nos sintomas de internalização, nos pensamentos automáticos e na interferência de vida nos adolescentes e em suas mães. De acordo com os autores, poucas barreiras para o tratamento foram encontradas, e as preferências do usuário indicam que o tratamento informatizado foi bem adequado para adolescentes com ansiedade.

Os resultados positivos do crescente número de estudos investigando TCC demonstram de forma promissora o futuro dessa modalidade de terapia, tanto em ambientes clínicos quanto em intervenções comunitárias, que também têm sido entregues mediadas por diferentes tecnologias. Atualmente, parte do treinamento para novos facilitadores do programa *Friends for Life* na Austrália é realizado via Web, e já está em desenvolvimento uma plataforma *on-line* para entrega direta a crianças e adolescentes. Essa modalidade ainda está em fase experimental e tem o objetivo de privilegiar a entrega a pessoas que vivem em áreas remotas da Austrália. O programa *Camp Cop a Lot*, que será apresentado neste livro, teve como custo para seu desenvolvimento o valor aproximado de 500 mil dólares, o que talvez resulte em alguma distância da realidade brasileira. O quadro a seguir apresenta um resumo dos programas disponíveis.

Quadro 6 – Programas informatizados recentemente desenvolvidos para adolescentes.

Programa	Disponível	Idade*	Pesquisador ou Website
Brave	Web	13-17	http://www.emhprac.org.au/services/brave-online/
Cave	CD	10-17	http://www.medicine.utas.edu.au/reserach/mentalhealth/
Climate Schools	Web	Estudantes	http://www.climateschools.tv/
Cool Teens	CD	14-18	http://www.psy.mq.edu.au/MUARU/child/highschool.htm
Coping Cat	CD	8-13	http://www.cope-a-lot.com/
MoodGYM**	Web	15-16	http://www.moodgym.anu.edu.au/
Reach Out! Central Stress and Anxiety in	Web (ambos)	16-25	http://au.reachout.com/tough-times/somethings-not-right/stress-and-anxiety
Teenagers.com	Ambos	< 18	http://www.stressandanxietyinteenagers.com/
Stressbusters**	CD	12-16	N/A
Why Me?	Ambos	11-16	http://www.ocdaction.org.uk/forum/obsessive-compulsive-disorder-ocd/why-oh-why-oh-why-me
Catch It	Web	13 18	N/A (Van Voorhees et al., 2008)

* Idade-alvo estabelecida no programa ou sendo estudada.
** Principalmente (ou também) um programa desenvolvido para depressão.

Fonte: Quadro adaptado por Petersen, Wachleski e Bunge de Cunningham (2008) e Van Voorhees et al. (2008).

Uma investigação analisou a viabilidade, a aceitação e os efeitos do programa computadorizado *Camp Cop a Lot*

(CCAL), que é uma adaptação do programa *Coping Cat* para o tratamento de transtornos de ansiedade em adolescentes. Nesse estudo, CCAL foi comparado com a TCC individual (TCCI) e um programa educacional assistido por computador (CESA). Desse estudo participaram 49 crianças, sendo que destas 33 eram meninos. A amostra foi composta por crianças entre 7 e 13 anos (83,7% brancos, 14,2% afro-americanos, 2% hispânicos). As crianças foram distribuídas aleatoriamente nas três modalidades de intervenção: (a) CCAL, (b) TCCI, ou (c) CESA. TCCI e CCAL demonstraram melhora significativa em relação às crianças alocadas no grupo do CESA. Obtiveram os seguintes resultados: 81%, 70%, e 19%, respectivamente, não apresentando critério para seu diagnóstico principal: Transtorno de Ansiedade. Os ganhos foram mantidos no *follow-up*, sem diferença significativa entre ICBT e CCAL. Pais e crianças consideraram os tratamentos CCAL e ICBT aceitáveis. Nos modelos CCAL e TCCI, as crianças mostraram maior satisfação do que as crianças do CESA. Os achados sustentam a viabilidade, a aceitação e os efeitos benéficos da CCAL para os jovens ansiosos (Khanna & Kendall, 2010).

Nesse contexto, é pertinente considerar o potencial dos tratamentos assistidos por computador na divulgação de tratamentos baseados em evidências. É importante levar em conta as limitações inerentes às condições de investigação, pois as condições de inclusão nas amostras diferem da vida real, em que uma proporção significativa de crianças apresenta comorbidades. Também ressaltamos como limitação o fato de que, embora tenha havido ganhos, os escores de funcionamento não voltaram a um nível ótimo. Parte das crianças segue necessitando de tratamento para questões não alvo dos programas.

Outro ponto relevante que deve ser avaliado é a atitude dos profissionais da área da saúde quanto ao uso dessa nova modalidade de tratamento, principalmente quando implementada em serviços públicos de saúde. Stallard, Richardson e Velleman (2010) investigaram essa questão por meio de um estudo de levantamento das atitudes dos médicos em relação à TCCc com crianças e adolescentes. Um questionário de autorrelato foi preenchido por 43 profissionais de saúde mental. Os resultados dessa pesquisa indicaram que, inicialmente, os médicos foram cautelosos, mas geralmente positivos quanto ao uso de TCCc com crianças e adolescentes, especialmente para o uso de programas de prevenção e tratamento de problemas de gravidade leve a moderada. Poucos acreditam que TCCc deva estar disponível gratuitamente *on-line* sem qualquer apoio profissional. A falta de uma relação terapêutica e um apoio profissional foi identificada como o maior problema, enquanto o potencial para usar TCC em casa foi a maior vantagem identificada entre os profissionais. Embora dúvidas permaneçam, e pesquisas adicionais de avaliação se mostrem necessárias, a abordagem assistida por computador é uma promessa para a divulgação de tratamento baseado em evidências de ansiedade infantil (Khanna & Kendall, 2010).

Quadro 7 – Uso da terapia mediada por computador.

Uso da terapia mediada por computador	
Área de pesquisa	Área aplicada
▸ Os resultados encontrados em jovens tratados na comunidade foram muito mais modestos que os dos jovens tratados em clínicas de pesquisa (Weersing & Weisz, 2002).	▸ Pesquisadores são convidados a preencher a lacuna entre os tratamentos de pesquisas clínicas baseadas em evidências e as condições reais encontradas na prática (Southam-Gerow, Weisz & Kendall, 2003).

PROGRAMA *CAMP COP A LOT*

O *Camp Cop a Lot* (Khanna & Kendall, 2010) surge como um programa interativo que, a partir de jogos, perguntas e desafios, orienta pacientes de 7 a 13 anos em diferentes etapas do tratamento. O *software* foi concebido como um complemento ao tratamento padronizado, e sua implementação reduz a quantidade de horas de intervenção direta por parte do terapeuta. Os resultados preliminares dos estudos de eficácia relacionados ao programa indicam a viabilidade da adaptação do manual ao formato computadorizado. O ambiente virtual atualmente faz parte da vida da geração Y, ou *milenium*, sendo esta uma forte justificativa para a ampliação de propostas mediadas pelas tecnologias (Petersen, 2011a).

A seguir, algumas imagens disponíveis do programa *Camp Cop a Lot* para que o leitor possa ter uma ideia da proposta.

Figura 1 – Programa *Camp Cop a Lot*: amostra de imagem interativa de mensuracao de medo.

Fonte: Imagem recuperada e autorizada para publicação por Khanna e Kendall (2010).

Os componentes do tratamento são ricamente ilustrados. O primeiro desafio será a psicoeducação, imediatamente seguida pela educação de emoções e respostas corporais. Nesse ambiente virtual o adolescente é convidado a interagir por meio do programa.

Figura 2 – Programa *Camp Cop a Lot:* amostra interativa de localização das emoções no corpo.

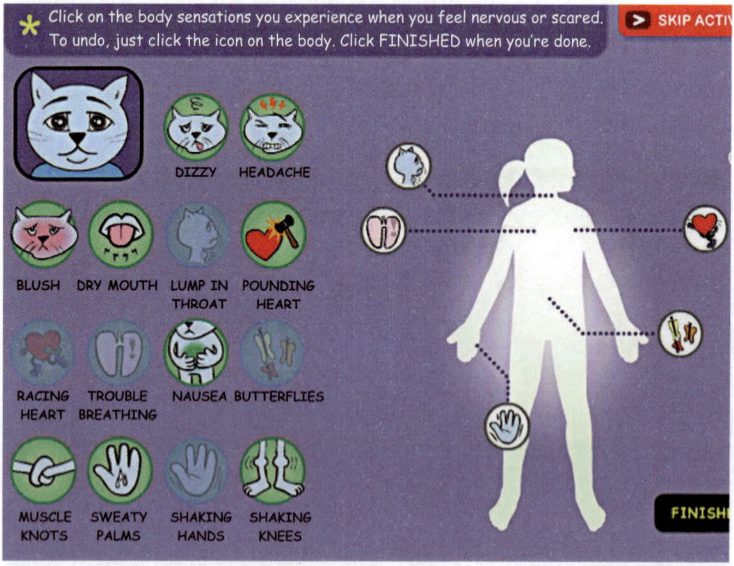

Fonte: Imagem recuperada e autorizada para publicação por Khanna e Kendall (2010).

O módulo de reestruturação cognitiva é ilustrado no programa com algumas imagens que seguem e que permitem visualizar como pode ser atrativa a mediação computadorizada sem, no entanto, prescindir da presença do terapeuta.

Figura 3 – Programa *Camp Cop a Lot:* amostra de reestruturação cognitiva interativa.

Fonte: Imagem recuperada e autorizada para publicação por Khanna e Kendall (2010).

IMPLICAÇÕES CLÍNICAS DA TCC ASSISTIDA POR COMPUTADORES

- Na maioria das vezes, as intervenções serão transmitidas pela internet, por razões de uniformidade e padronização.
- Facilidade de acesso e custo-eficácia.
- Embora muitos pacientes necessitem de tratamento especializado, há espaço para tratamentos empíricos assistidos por computador (March, 2009).

Ao refletir sobre as vantagens e desvantagens dessa forma de entrega, ressaltamos que elas podem aumentar o acesso à TCC com baixo custo. Por outro lado, segue havendo a necessidade de terapeutas como guias para obter efeitos semelhantes aos da TCC face a face, já que parte da melhora também pode ser atribuída a fatores inespecíficos inerentes à interação humana. Existem muitos programas não guiados, porém, eles funcionam de forma pior que os guiados (Anderson & Cuijpers, 2009; 2010; Spek et al., 2007). Uma das consequências favoráveis resultantes dessa forma de entrega de tratamento é o aumento do interesse em realizar um tratamento em TCC regular depois de completar o tratamento via internet (Christensen, Leach, Barney, Mackinnon & Griffiths, 2006).

Embora muitos avanços tenham ocorrido nessa direção, ressaltamos que ainda não existem evidências suficientes para algumas questões, como: "A TCC via internet pode ajudar a aumentar a aderência aos protocolos de tratamentos?". Um estudo avaliou a inclusão de entrevistas motivacionais via internet para fomentar maior aderência aos programas de tratamento *on-line*, e os resultados obtidos nesse estudo foram escassamente benéficos (Van Voorhees et al., 2008). Também há dúvidas quando ao custo-efetividade: de acordo com os estudos revisados, constata-se que o tratamento funciona melhor quando existe apoio na presença de um clínico que possa incorporar os recursos no tratamento. É preciso ter cuidado em relação aos treinamentos dos clínicos para que estes não ocorram somente por internet, pois isso limitaria o desenvolvimento de suas habilidades. Na prática, o uso da internet e de outras tecnologias da informação ainda não foi suficientemente explorado; por exemplo, o uso de *smartphones* integrados à internet. Estes últimos poderão ser considerados em novos programas ou nas atualizações de anteriores. Também cabe destacar que a mediação por meio de novas tecnologias responde à demanda de inovação e criatividade nos tratamentos e tem potencial para oferecer maior acessibilidade, confidencialidade e tempo limitado. A menor confrontação em relação à abordagem *face to face* poderia possibilitar maior engajamento de adolescentes. Provavelmente, por inúmeras razões, o uso de tecnologias da informação em TCC poderá ser mais bem aceita pelos jovens que pelos adultos (Davis, Quittner, Stack & Yang, 2004; Department of Health and Ageing, 2004; Cunningham, 2008; Andersson, 2010).

Pesquisas em larga escala são necessárias para determinar a eficácia, além do custo-efetividade das abordagens assistidas por computador, à medida que serão adotadas por terapeutas comunitários. Nessa direção, vislumbramos algumas limitações que devem ser observadas em futuras investigações: a) seguimento a longo prazo; b) tamanhos de amostras suficientes para examinar os mediadores e moderadores dos resultados e para detectar efeitos pequenos; c) incluir medidas de autorrelato dos pais; d) diferentes amostras, observando diversidade socioeconômica e étnicas (as amostras atualmente são compostas principalmente de raças brancas).

O QUE JÁ ESTÁ ACESSÍVEL E QUAIS APLICATIVOS JÁ ESTAMOS UTILIZANDO NA TCC INFANTIL NO BRASIL E NA ARGENTINA

O uso das tecnologias da informação e comunicação (TICs) como complemento das intervenções técnicas dirigidas a mudanças representa um campo cujo único limite é a criatividade do terapeuta. Considerando que ele deve ser fiel e flexível em relação ao manual de tratamento (Kendall, Gosch, Furr & Sood, 2008), podemos pensar que está sempre habilitado a utilizar as TICs, desde que estas estejam relacionadas aos princípios e componentes do tratamento.

A seguir, será descrita uma série de modos de utilização criativa das TICs que contribuem para que o tratamento tenha um formato mais amigável aos jovens, adaptando-se, assim, à nova geração (Bunge, Labourt, Cichero, Ruiz & Maglio, 2012).

Neste momento já estamos colocando em uso alguns aplicativos para *iPad*, tais como o *Paper 53*, que possibilita desenhar com o paciente, enfatizando a reestruturação cognitiva. Por meio desse aplicativo é possível enviar as produções da sessão em tempo real para o *e-mail* do paciente. *Flash cards* podem ser enviados por torpedo e, ainda, ser programados nas agendas dos celulares de nossos pacientes. Um exemplo claro disso pode ser um torpedo com aprendizagem a ser visualizado todas as segundas-feiras, antes do horário da escola, para portadores de ansiedade de separação. Bunge, Mandil e Gomar (2012) sugerem o uso de fotos e vídeos *feedback* realizados com a criança para a identificação de emoções. O *roleplay* ganha vida e contornos mais contemporâneos, tornando a tarefa motivadora para nossos jovens pacientes.

Nas imagens a seguir, uma pequena amostra da utilização do *Paper 53* em uma sessão de reforço de um grupo de aplicação do programa *Friends for Life* no Brasil. Nelas podem ser visualizados os desenhos de crianças entre 7 e 8 anos, realizados com os facilitadores dos grupos. Os desenhos fazem referência a seus planos de enfrentamentos futuros. Na Figura 4 temos a identificação de um pensamento funcional ("Que vai ser muito legal") para colocar um plano passo a passo em ação. Na Figura 5, o medo está representado pelo fantasma sendo golpeado pela criança boxeadora.

Figura 4 – Pensamentos funcionais.

Figura 5 – Estratégia de *coping*.

Na Figura 6 está representado o plano passo a passo de uma menina de 8 anos, aqui denominada Mariana, para conseguir ficar sozinha enquanto a mãe sai para pequenas atividades externas à casa. Nas figuras 7 e 8 um jovem judoca de 8 anos relata o que pensou antes de ganhar suas últimas três medalhas de bronze em campeonatos interclubes e, finalmente, seu plano compartilhado com outro menino para suas novas atividades: andar de bicicleta sem rodinhas e também de skate.

Figura 6 – Plano passo a passo para ficar em casa sozinha enquanto a mãe faz pequena saída.

Figura 7 – Pensamento funcional.

Figura 8 – Plano passo a passo para meta andar de bicicleta.

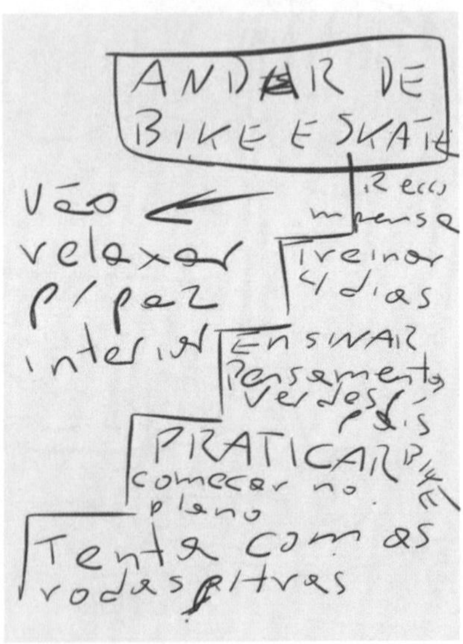

A possibilidade de observar a si mesmo realizando determinadas atividades representa um importante recurso para gerar aprendizagens significativas. O vídeo *feedback* pode oferecer à criança um modelo mais impactante que os diálogos entre terapeuta e paciente. Por exemplo, pode-se filmar a exposição realizada com a criança para que posteriormente ela possa observar a redução dos sinais físicos de ansiedade, de forma a testar crenças do tipo "vou ficar vermelho se der um discurso", para comparar quanto acreditava que se ruborizaria e quanto ficou corada no vídeo. Também é possível utilizar a tecnologia para reforçar determinados aspectos do tratamento. Por exemplo, um paciente de 11 anos realizou um vídeo ao finalizar o tratamento, descrevendo as estratégias que geraram benefício para diminuir sua ansiedade social. No vídeo ele aparecia vestido de preto com touca e óculos escuros e, à medida que descrevia como se expôs a seus temores, e como graças a essa atitude foi ganhando confiança, ele retirava as roupas pretas até ficar com uma camiseta colorida, dançando em frente à câmera (Bunge et al., 2012).

CUSTO-BENEFÍCIO DAS NOVAS TECNOLOGIAS

A seguir, o quadro-resumo dos custos e benefícios que os tratamentos mediados pelas novas tecnologias podem significar até o momento:

Quadro 8 – Vantagens e desvantagens das terapias mediadas pela internet.

Terapias pela internet		
	Vantagens	**Desvantagens**
Aliança terapêutica	Útil para a aliança terapêutica.	Alguns terapeutas podem temer a interferência no desenvolvimento da relação terapêutica.
Intervenções	Benefícios para implementação de intervenções técnicas.	
	Complemento a intervenções técnicas no processo de mudança.	
	Ferramenta de prevenção e tratamento de problemas de severidade leve a moderada.	
Nível do terapeuta	Desenvolvido por terapeutas especialistas.	Focados em um tipo de problemática.
		Escasso ou nulo conhecimento desse tipo de ferramenta.
		Alguns terapeutas podem se sentir estranhos e relutantes ao utilizar essas tecnologias.

(Continua)

(Continuação)

Interação	Reduz a inibição.	Respostas limitadas.
	Aparência mais atrativa.	Incapacidade para detectar sinais não verbais.
		Rigidez.
	Facilita e promove um papel mais ativo dos usuários na manutenção da saúde.	
	A terapia pode assumir o contexto cultural dos pacientes, aumentando a motivação para o trabalho.	
Satisfação do usuário	Aumenta a motivação de alguns pacientes.	
	Melhora a aceitação do tratamento.	
Gestão de riscos	Contribui para a prevenção dos riscos.	Escassa possibilidade de intervenção/adaptação à situação de risco.
		Incapacidade para detectar complicações extras.
Alcance	Possibilidade de executar intervenções no local que o paciente desejar.	Tecnofobia de alguns potenciais usuários.
	Maior alcance geográfico, pois realiza intervenções que seriam impossíveis pelas dificuldades de acesso.	

(Continua)

(Continuação)

	Expande o escopo de terapeutas para áreas geograficamente inacessíveis.	Possível compromisso menor.
	Favorece o acesso, dando maior flexibilidade ao usuário.	
	Permite acesso precoce ao tratamento.	
Custos	Portabilidade a relativamente baixo custo.	Custo inicial elevado.
	O custo tende a diminuir.	Escassez de profissionais capacitados para desenvolver um PAC.
	Facilidade para atualizar os conteúdos.	
Contribuições para a investigação	Simplicidade para relatar progressos.	
	Favorece o processamento de dados para a investigação.	
	Contribui para o desenvolvimento e a disseminação de intervenções mais curtas.	
Confidencialidade	Maior confidencialidade.	Risco de carregamento de dados para a Web.
		Ameaça de *hackers* à confidencialidade.

Fonte: Bunge et al. (2012).

TRATAMENTOS INOVADORES

O programa computadorizado para o tratamento do viés atencional tem mostrado resultados promissores e inscreve-se no escopo das novas possibilidades que surgirão nos próximos 5 a 10 anos. O tratamento com modificação do viés atencional (*Attentional Bias Modification Treatment* – TMVA), relacionado aos estímulos aversivos, já demostrou ser eficaz em uma série de ensaios clínicos em adultos, compilados em uma metanálise, com um tamanho de efeito encorajador (Hakamata et al., 2010). Trata-se de um programa de computador que tem a intenção de corrigir um viés atencional presente em pacientes com transtornos de ansiedade. O tratamento "neuropsicológico" em computador demonstrou ser seguro, não invasivo e eficaz, encorajando pesquisas futuras. No entanto, será preciso aguardar para utilizar essa tecnologia com crianças, pois, até então, os resultados dos estudos nessa faixa etária não se mostraram consistentes.

INTEGRAÇÃO COM DISPOSITIVOS MÓVEIS

A seguir serão apresentados os aplicativos para dispositivos móveis disponíveis para transtornos de ansiedade e humor. A justificativa para o uso desses aplicativos se deve ao fato de que, atualmente, de 83 a 95% das pessoas utilizam telefones móveis, incluindo nos países em desenvolvimento. Destes,

98% estão prontos para enviar SMS. O fácil acesso aos telefones móveis tem resultado no crescente uso de SMS para melhorar a aderência em marcação de consultas, adesão ao tratamento medicamentoso para Aids, depressão, dependência de álcool e nicotina, redução de peso e monitoramento de diabetes e asma. Já está disponível, porém em inglês, uma série de aplicativos que podem ser utilizados no contexto da TCC. Esses aplicativos também promovem formas mais atrativas para execução de tarefas para casa. Especificamente dentro do modelo da TCC, encontram-se iCBT, ICouchCBT, eCBT, CBT Referee, eCBTMood, CBT Clam, iCounselor e T2 Mood Tracker (Boudreaux, 2012; Muench, 2012; Hansen, 2012).

Figura 9 – Aplicativos disponíveis para transtornos do humor.

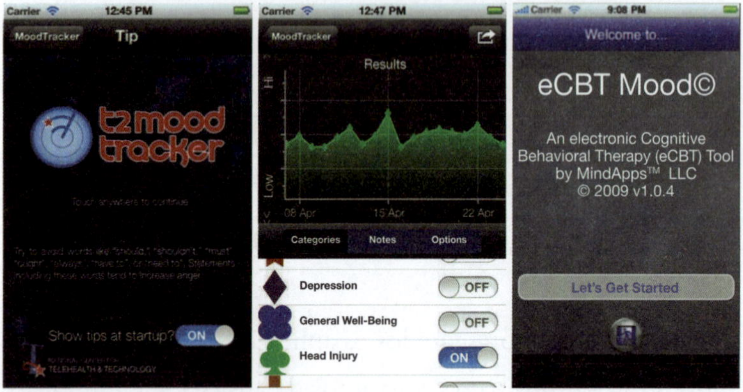

Fonte: Imagens recuperadas de Boudreaux (2012).

No entanto, até o presente momento, não há evidências de sua efetividade, portanto, a sugestão é que a utilização desses aplicativos ainda seja realizada como forma de tornar a TCC de crianças e adolescentes mais motivadora. Cabe salientar que a facilidade de integração, o uso como lembrete, a proximidade do dispositivo, a facilidade de navegação e acesso à informação e o uso em psicoeducação têm sido apontados como pontos fortes. Por outro lado, o uso deve ser moderado, pois utilizar continuamente tais aplicativos pode resultar em fadiga (Boudreaux, 2012; Muench, 2012; Hansen, 2012).

Para plataforma Android, o aplicativo Transtornos de Estresse Pós-Trauma está disponível sem custo e foi desenvolvido pelo National Center for PTSD, National Center for Telehealth and Technology (Hansen, 2012).

Figura 10 – Aplicativo disponível para transtornos de estresse pós-trauma.

Além dos aspectos informativos, salientamos o lado divertido dos aplicativos, lembrando que um dos desafios da TCC infantil é, além de funcional, ser divertida. Sugerimos também o uso de dois aplicativos para a musicalização de pensamentos dos pacientes. Para reestruturação cognitiva, sugerimos o *Auto Rap Smule*, disponível no iTunes, ou, ainda, o *Songify*. Com a utilização desses aplicativos, podemos auxiliar os pacientes a identificar facilmente seus pensamentos disfuncionais, fazendo do humor seu grande parceiro. Na experiência dos autores, a música também auxilia o paciente a salientar seus pontos fortes e a utilizar seus recursos a serviço de melhores estratégias de enfrentamento. Sugerimos o *rap* dos pontos fortes para ser tocado em momentos críticos de enfrentamento, nos quais o paciente possa ser invadido por pensamentos automáticos. Um exemplo clássico disso são as crianças com transtorno de ansiedade de separação, em que os deslocamentos prévios e a chegada à escola, bem como a entrada, costumam ser momentos bastante difíceis. Nessas horas, a dica é enfrentar os pensamentos automáticos escutando o *rap* dos pontos fortes com fones de ouvido, pois as crianças muitas vezes temem que outros percebam suas dificuldades.

CONSIDERAÇÕES FINAIS

A utilização ou a incorporação das tecnologias pode significar uma importante contribuição ao campo da saúde mental. Cabe, porém, destacar que não se propõe necessariamente a utilização destas em substituição à psicoterapia tradicional, mas como um complemento. Em determinadas situações, elas podem ser uma alternativa para as pessoas que vivem em áreas remotas, as quais, devido à distância dos serviços de atendimento, não podem realizar os tratamentos indicados. Se a tecnologia permite maximizar o alcance dos tratamentos, chegando a lugares longínquos e a um maior contingente populacional, isso pode representar um dos potenciais benefícios e, ao mesmo tempo, um desafio para os terapeutas no futuro. Finalmente, considera-se que as tecnologias permitiriam adaptar os tratamentos tradicionais a formatos mais amigáveis para as gerações de adolescentes contemporâneas, otimizando, assim, os recursos em saúde mental (Bunge, Mandil & Gomar, 2012).

Um dos aspectos mais significativos do uso de novas tecnologias é a disseminação da TCC, ampliando o espectro de pessoas que podem ter acesso aos tratamentos. Atualmente, não existem dados no Brasil que nos permitam dizer qual é o contingente de crianças que recebe intervenção, mas provavelmente não alcançamos uma ínfima parte dos 24 a 34% que chegam a receber intervenção em países desenvolvidos.

Além de atingir diretamente os pacientes, as novas tecnologias poderão viabilizar melhores condições de treinamento a novos terapeutas, além da possibilidade de chegar a áreas remotas em um país de dimensões continentais como o Brasil.

O primeiro programa manualizado que tem base em evidências para transtornos de ansiedade disseminado no Brasil foi o *Friends for Life*. Assim, sugerimos que os jovens terapeutas sejam fiéis à estrutura básica dos componentes desses programas e que experimentem ser flexíveis a partir dos novos recursos disponíveis. As tecnologias, hoje acessíveis, possibilitam a aplicação do conceito flexibilidade com fidelidade, já que preconizamos que o uso das novas tecnologias fique dentro da moldura dos estudos baseados em evidências.

Referências

Albano, A. (2012). Targeting developmental milestones in the treatment of social anxiety in Young adults. Workshop Presented at 46th Annual ABCT Convention in Washington, DC.

Anderson, G., & Cuijpers, P. (2009). Internet-based and other computerized psychological treatments for adult depression: a meta-analysis. *Cogn, 38,* 196–205.

Andersson, G. (2010). The promise and pitfalls of the internet for cognitive behavioral therapy. *BMC Medicine, 8*(82). Retrieved from http://www.biomedcentral.com/1741-7015/8/82

Barrett, P. M. (2011). Manual dos líderes do Programa Amigos para a Vida. Porto Alegre, Brasil: Editor Projecto.

Barrett, P. M. (1998). Evaluation of cognitive-behavioural group treatments for childhood anxiety disorders. *Journal of Clinical Child Psychology, 27,* 459–468.

Barrett, P. M., Dadds, M., & Rapee, R. M. (1996). Family treatment of childhood anxiety: a controlled trial. *Journal of Consulting and Clinical Psychology, 64,* 333–342.

Barrett, P. M., Duffy, A., Dadds, M., & Rapee, R. (2001). Cognitive-behavioural treatment of anxiety disorders in children: long term (6 year) follow-up. *Journal of Consulting and Clinical Psychology, 69,* 135–141.

Barrett, P. M., Farrell, L. J., Ollendick, T. H., & Dadds, M. (2006). Long-term outcomes of an Australian universal prevention trial of anxiety and depression symptoms in children and youth: an evaluation of the Friends Program. *Journal of Clinical Child and Adolescent Psychology, 35*(3), 403–11.

Barrett, P. M., & Turner, C. (2001). Prevention of anxiety symptoms in primary school children: preliminary results from a universal school-based trial. *British Journal of Clinical Psychology, 40*, 399–410.

Biederman, J., Rosenbaum, J. F., Hirshfeld D. R., Faraone, S. V., Bolduc-Murphy, E. A., Gersten, M., Meninger, S. R., Kagan, J., Snidman, N., & Reznick, J. S. (1990). Psychiatry correlates of behavioral inhibition in young children of parents with and without psychiatry disorders. *Arch Gen Psychiatry, 47*, 21–26.

Board on children, youth, and families (2011). Division of Behavioral and Social Sciences and Education. Retrieved from www.bocyf.org

Boudreaux, E. (2012). Evaluating apps. Retrieved in November from http://www.techandbehavior.com/wordpress

Bunge, E., Labourt, J., Cichero, G., Ruiz, E., & Maglio, A. (2012). Utilización de las tecnologías de la información y la comunicación en la clínica infanto juvenil (in press).

Bunge, E., Mandil, J., & Gomar, M. (2012). *Terapia cognitiva com crianças e adolescentes: aportes técnicos*. São Paulo: Casa do Psicólogo.

Cavanagh, K., Seccombe, N., & Lidbetter, N. (2011). The implementation of computerized cognitive behavioural therapies in a service user-led, third sector self help clinic. *Behav. Cogn. Psychother., 39*(4), 427–442.

Christensen, H., Leach, L. S., Barney, L., Mackinnon, A. J., & Griffiths, K. M. (2006). The effect of Web based depression interventions on self reported help seeking: randomised controlled trial. *BMC Psychiatry, 6*, 13.

Costello, E. J., Angold, A., Burns, B. J., Stangl, D. K., Tweed, D. L., Erkanli, A., & Worthman, C. M. (1996). The Great Smoky Mountains Study of youth: goals, design, methods, and the prevalence of DSM-III-R disorders. *Archives of General Psychiatry, 53*, 1129–1136.

Costello, E. J., Egger, H. L., & Angold A. (2005). The developmental epidemiology of anxiety disorders: phenomenology, prevalence, and comorbidity. *Child and Adolescent Psychiatric Clinics of North America, 14*, 631–648.

Cunningham, M. (2008). Overview of design approaches in the Cool Teens CD and other computer programs for adolescent anxiety. *E-Journal of Applied Psychology, 4*(2), 6–11.

Dadds, M.; Holland, D.; Laurens, K.; Mullins, M.; Barrett, P., & Spence, S. Early intervention and prevention of anxiety disorders in children: results at 2-year follow-up. *Journal of Consulting and Clinical Psychology*, 1999, vol. 67, n. 1, 145-150.

Davis, M. A., Quittner, A. L., Stack, C. M., & Yang, M. C. (2004). Controlled evaluation of the ST ARBRIGHT CD-ROM program for children and adolescents with Cystic Fibrosis. *J. Pediatr. Psychol., 29*, 259–267.

De Sousa, D. A., Moreno, A. L., Gauer, G., Manfro, G. G., & Koller, S. H. (2013). Revisão sistemática de instrumentos para avaliação de ansiedade na população brasileira. *Avaliação Psicológica, 12*(3), 397–410.

De Sousa, D. A., Pereira, A. S., Petersen, C. S., Manfro, G. G., Salum, G. A., & Koller, S. H. (2014). Psychometric properties of the Brazilian-Portuguese version of the Spence Children's Anxiety Scale (SCAS): Self- and parent-report versions. *Journal of Anxiety Disorders, 28*, 427–436.

De Sousa, D. A., Petersen, C. S., Behs, R., Manfro, G. G., & Koller, S. H. (2012). Brazilian Portuguese version of the Spence Children's Anxiety Scale (SCAS-Brasil). *Trends Psychiatry Psychotherapy; 34*, 147-153.

Degnan, K. A., & Fox, N. A. (2007). Behavioral inhibition and anxiety disorders: multiple levels of a resilience process. *Development and Psychopathology, 19*, 729–746.

Department of Health and Ageing (2004). Responding to the Mental Health Needs of Young People in Australia. Discussion Paper: Principles and Strategies. Retrieved in July 19, 2008, from http://www.health.gov.au/internet/main/publishing.nsf/Content/mental-pubs-r-respond-toc

Farrell, L. J., & Barrett, P. M. (2007). Prevention of childhood emotional disorders: reducing the burden of suffering associatedwith anxiety and depression. *Child and Adolescent Mental Health, 12*, 58–65.

Fisak, B. J. Jr., Richard, D., & Mann, A. (2011). The prevention of child and adolescent anxiety: a meta-analytic review. *Prev Sci., 12*(3), 255–268.

Hakamata, Y., Lissek, S., Bar-Haim, Y., Britton, J. C., Fox, N. A., Leibenluft, E., Ernst, M., & Pine, D. S. (2010) Attention bias modification treatment: a meta-analysis toward the establishment of novel treatment for anxiety. *Biological Psychiatry, 68*(11), 982-990.

Hamilton, J. D., Kendall, P. C., Gosch, E., Furr, J. M., & Sood, E. (2008) Flexibility within fidelity. *Journal of the American Academy of Child & Adolescent Psychiatry, 47*(9), 987-993.

Hansen, M. S. R. (2012). Adjunctive mobile technologies for CBT. Retrived in November from http://www.techandbehavior.com/wordpress

Hettema, J. M., Neale, M. C., & Kendler, K. S. (2001). A review and meta-analysis of the genetic epidemiology of anxiety disorders. *Am J Psychiatry, 158*(10), 1568–1578.

Kagan, J., Reznick, J. S., & Snidman, N. (1988). Biological bases of childhood shyness. *Science, 240*, 167–171.

Kagan, J., Snidman, N., Zentner, M., & Peterson, E. (1999). Infant temperament and anxious symptoms in school age children. *Developmental Psychopathology, 11*, 209–224.

Kendall, P. C. (2011). Dicas das trincheiras. In C. Petersen, & R. Wainer (Eds.). *Terapias cognitivas-comportamentais para crianças e adolescentes: ciência e arte*. Porto Alegre: ArtMed.

Kendall, P. C. (1994). Treating anxiety disorders in children: results of a randomized clinical trial. *Journal of Consulting and Clinical Psychology, 62*(1), 100–110.

Kendall, P. C., Flannery-Schroeder, E., Panichelli-Mindel, S., Southam-Gerow, M., Henin, A., & Warman, M. (1997). Therapy for youths with anxiety disorders: A second randomized clincal trial. *Journal of Consulting and Clinical Psychology, 65*(3), 366–380.

Kendall, P. C., Gosch, E., Furr, J. M., & Sood, E. (2008) Flexibility within fidelity. *Journal Am. Acad. Child Adolesc. Psychiatry*. Sep., 47(9): 987-93.

Kendall, P. C., & Hedtke, K. (2006). Cognitive-behavioral therapy for anxious children: therapist manual. *Coping Cat*. 3rd ed., Work-book publishing.

Kendall, P. C., Hudson, J., Gosch, E., Flannery-Schroeder, E., & Suveg, C. (2008). Cognitive-behavioral therapy for anxiety disordered youth: a randomized clinical trial evaluating child and family modalities. *Journal of Consulting and Clinical Psychology, 76*, 282–297.

Kendall, P. C., Safford, S., Flannery-Schroeder, E., & Webb, A. (2004). Child anxiety treatment: outcomes in adolescence and impact on substance use and depression at 7.4 year follow-up. *Journal of Consulting and Clinical Psychology, 72*(2), 276–287.

Khanna, M., & Kendall, P. C. (2010). computer assisted cognitive behavioral therapy for child anxiety: results of a randomized clinic trial. *Journal Of Consulting and Clinical Psychology, 78*(5), 737–745.

Khanna, M. S., & Kendall, P. C. (2008). Computer-assisted CBT for child anxiety: the Coping Cat CD-ROM. *Cognitive and Behavioural Practice, 15*, 159–165.

Krain, A., Ghaffari, M., Freeman, J., Garcia, A., Leonard, H., & Pine, D. (2007). Anxiety disorders. In A. Martin, & Volkmar (Orgs.). Lewis's child and adolescent psychiatry a comprehensive textbook. 4th ed., Philadelphia, USA: Linppincot Williams & Wilnkins, a Wolters Kluwer Business.

Lizuca, C. A., & Barrett, P. M. (2011). Programa *Friends* para tratamento e prevenção de transtornos de ansiedade em crianças e adolescentes. In C. Petersen, & R. Wainer (2011). *Terapias cognitivas-comportamentais para crianças e adolescentes: ciência e arte*. Porto Alegre: ArtMed.

Lowry-Webster, H., Barrett, P., & Lock, S. (2003). A universal prevention trial of anxiety symptomatology during childhood: Results at one year follow-up. *Behaviour Change, 20*(1), 25–43.

Manfro, G. G., Isolan, L., Blaya, C., Santoa, L., & Silva, M. (2002). Estudo retrospectivo da associação entre transtorno do pânico em adultos e transtorno de ansiedade na infância. *Rev. Bras. Psiq., 24*, 26–29.

March, J. S. (2009). The future of psychotherapy for mentally ill children and adolescents. *Journal of Child Psychology and Psychiatry, 50*, 170–179.

McLeod, B., Weisz, J. R., & Wood, J. J. (2007). Examining the association between parenting and childhood anxiety: a meta-analysis. *Clinical Psychology Review, 27*(2), 155–172.

McLoone, J., Hudson, J. L., & Rapee, R. M. (2006). Treating anxiety disorders in a school setting. *Education and Treatment of Children, 29*, 219–242.

Merikangas, K. R., He, J., Burstein, M., Swanson, S. A., Avenevoli, S., Cui, L., Benjet, C., Georgiades, K., & Swendsen, J. (2010). Lifetime prevalence of mental disorders in U.S. adolescents: results from the National Comorbidity Survey Replication–Adolescent Supplement (NCS-A). *Journal of the American Academy of Child and Adolescent Psychiatry. 49*, 980–989.

Mrazek, P. J., & Haggerty, R. J. (1994). *Reducing risks for mental disorders: frontiers for preventive intervention research*. Washington, D.C.: National Academy Press.

Muench, F. (2012). Integrating mobile technologies into mental health treatment. Retrived from http://www.techandbehavior.com/wordpress

Pahl, K. M., & Barrett, P. M. (2010). Preventing anxiety and promoting social and emotional strength in preschool children: a universal evaluation of the Fun Friends program. *Advances in School Mental Health Promotion, 3*, 14–25.

Petersen, C. (2014). Variáveis relacionadas ao resultado da TCC nos transtornos de ansiedade na infância e adolescência. Conferência proferida na Jornada Sergipana de Terapias Cognitivas. Aracaju, Brasil.

Petersen, C. (2011a). Terapia cognitivo-comportamental com crianças e adolescentes: direções futuras.

Comunicação oral, Conferência no Congresso Peruano de Terapias Cognitivas. Lima: Peru.

Petersen, C. (2011b). Evidências de efetividade e procedimentos básicos para terapia cognitivo--comportamental para crianças com transtornos de ansiedade. *Revista Brasileira de Psicoterapia, 13*(1), 39–50.

Petersen, C., Bunge, E., Mandil, J., & Gomar, M. (2011). Terapia cognitivo-comportamental para os transtornos de ansiedade. In C. Petersen, & R. Wainer. *Terapias cognitivo-comportamentais para crianças e adolescentes: ciência e arte*. Porto Alegre: ArtMed.

Petersen, C., Salcides, A., De Sousa, D. A., & Koller, S. H. (2012). Resultados preliminares do programa *Friends for Life* em população brasileira. Apresentação oral na IV Jornada WP de Terapias Cognitivas em Santa Maria.

Petersen, C., Salcides, A., De Sousa, D. A., & Koller, S. H. (2013a). Resultados preliminares do programa *Friends for Life* em população brasileira. Apresentação oral no IX Congresso Brasileiro de Terapias Cognitivas. Ribeirão Preto, Brasil.

Petersen, C., Salcides, A., De Sousa, D. A., & Koller, S. H. (2013b). Evidence-based interventions for children in differents contexts and levels of delivery. The Friends Program for anxiety disorder for kids: step by step to delivery in prevention level in Brazil. Simposium at World Congress of Behavioural and Cognitive Therapies, Lima, Peru.

Petersen, C., & Wainer, R. (2011). Aportes teóricos e técnicos para intervenção em comportamentos impulsivos em crianças. In *Terapias cognitivo-comportamentais para crianças e adolescentes: ciência e arte*. Porto Alegre: ArtMed.

Pollack, M. H., & Smoller, J. W. (1996). Pharmacologic approaches to treatment-resistant panic disorder. In M. H. Pollack, M. W. Otto, & J. F. Rosenbaum. *Challenges in clinical practice*. New York: Guilford Press, 89–112.

Richardson, T., Stallard, P., & Velleman, S. (2010). Computerized cognitive behavioural therapy for the prevention and treatment of depression and anxiety in children and adolescents: a systematic review. *Clin. Child. Fam. Psychol. Rev., 13*(3), 275–290.

Rosenbaum, J. F., Biederman, J., Bolduc-Murphy, E. A., Faraone, S. V., Charloff, J., Hirshfeld D. R., & Kagan, J. (1993). Behavioral inhibition in childhood: a risk factor for anxiety disorders. *Harvard Review of Psychiatry, 1*(1), 2–16.

Rosenbaum, J. F., Biederman, J., Hirshfeld, D. R., Bolduc, E. A., & Chaloff, J. (1991). Behavioral inhibition in children: a possible precursor to panic disorder or social phobia. *J. Clin. Psychiatry, 52*(Suppl.), 5–9.

Shirk, S., Jungbluth, N., & Karver, M. (2011). Change processes and active components. In P. Kendall (Org.). *Child and adolescent therapy*. 4th ed. Cognitive-behavioral procedures. New York: Hardcover Publisher.

Shortt, a., Barrett, P. M., & Fox, T. (2001). Evaluating the Friends program: a cognitive-behavioral group treatment for anxious children and their parents. *Journal of Clinical Child Psychology, 30*(4), 525–535.

Southam-Gerow, M. A., Weisz, J. R., & Kendall, P. C. (2003). Youth with anxiety disorders in research and service clinics: examining client differences and similarities. *Journal of Clinical Child and Adolescent Psychology, 32*, 375–385.

Spek, V., Cuijpers, P., Nyklicek, I., Riper, H., Keyzer, J., & Pop, V. (2007). Internet-based cognitive behaviour therapy for symptoms of depression and anxiety: a meta-analysis. *Psychol. Med., 37*, (319–328).

Spence Children's Anxiety Scale Website (2015). Retrieved in July from http://www.scaswebsite.com/

Spence, S. H. (1996). The prevention of anxiety disorders in childhood. In P. Cotton, & H. Jackson (Eds.). *Early intervention and prevention in mental health* (87–107). Melbourne: Australian Psychological Society.

Stallard, P. (2010). *Ansiedade: terapia cognitivo-comportamental para crianças e jovens*. Porto Alegre: ArtMed.

Stallard, P., Richardson, T., & Velleman, S. (2010). Clinicians' attitudes towards the use of computerized cognitive behaviour therapy (cCBT) with children and adolescents. *Behav. Cogn. Psychother., 38*(5), 545–560.

Stallard, P., Richardson, T., Velleman, S., & Attwood, M. (2011). Computerized CBT (Think, Feel, Do) for depression and anxiety in children and adolescents: outcomes and feedback from a pilot randomized controlled trial. *Behav. Cogn. Psychother., 39*(3), 273–284.

Stallard, P., Simpson, N., Anderson, S., & Goddard, M. (2008). The Friends emotional health prevention programme: 12 month follow-up of a universal UK school based trial. *European Child & Adolescent Psychiatry, 17*, 283–289.

Stallard, P., Simpson, N., Anderson, S., Hibbert, S., & Osborn, C. (2007). The Friends Emotional Health Programme: initial findings from a school-based project. *Child and Adolescent Mental Health, 12*, 32–37.

Stopa, E. J., Barrett, P. M., & Golingi, F. (2010). The prevention of childhood anxiety in socio economically disadvantaged comunities: a universal school based trial. *Advances in School Mental Health Promotion, 3*, 5–24.

Van Voorhees, B. W., Vanderplough-Booth, K., Fogel, J., Gladstone, T., Bell, C., Stuart, S., & Gollan, J. (2008). Integrative internet-based depression prevention for adolescents: a randomized clinical trial in primary care for vulnerability and protective factors. *Journal of the Canadian Academy of Child and Adolescent Psychiatry, 17*(4), 184–196.

Walkup, J. T., Albano, A. M., Piacentini, J., Birmaher, B., Compton, S., Sherrill, J., Ginsburg, G. S., Rynn, M., McCracken, J., Waslick, B., Iyengar, S., March J. S., & Kendall, P. C. (2008). Cognitive behavioral therapy, Sertraline, or a combination in childhood anxiety. *The New England Journal of Medicine, 26*(359), 2753–2766.

Weersing, R.V., & Weisz, J. (2002) Mechanisms of action in youth psychotherapy. *Journal of Child Psychology and Psychiatry, 43*(1), 3-29.

Wuthrich, V. M., Rapee, R. M., Cunningham, M. J., Lyneham, H. J., Hudson, J. L., & Schniering, C. A. (2012). A randomized controlled trial of the Cool Teens CD-ROM computerized program for adolescent anxiety. *J. Am. Acad. Child. Adolesc. Psychiatry, 51*(3), 261–270.